LOSTY PV NOVA LE RAY

SPLASH

1. PREMIÈRES GAMMES

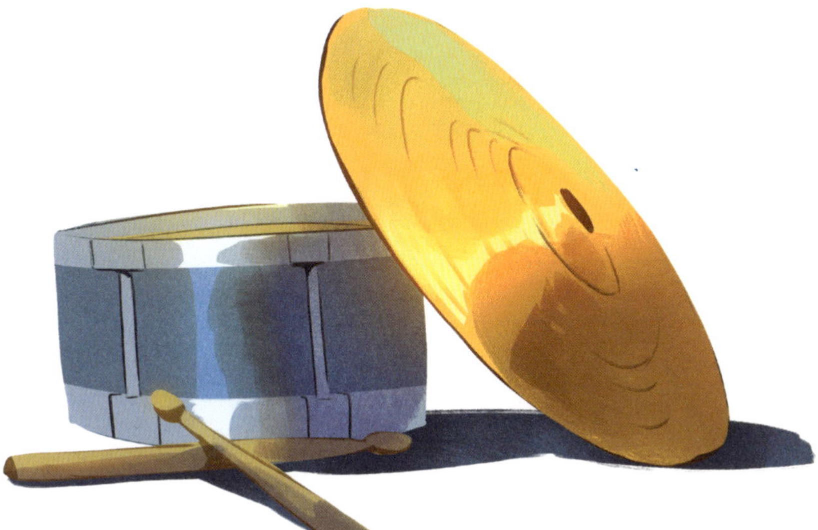

DUPUIS

Un grand merci à PV de m'avoir donné sa confiance
pour la création de *Splash* et propulsé dans un monde
que j'adore. Merci aussi à Adrien pour sa confiance
et sa bienveillance. Et un merci infini à ma famille,
mes amis et Charlotte pour leur soutien inconsidérable.

LOSTY

Merci à ma famille et ma chérie qui m'ont toujours soutenus
dans mes choix de vie et me permettent d'être aujourd'hui
un musicien et un auteur épanoui. Merci aux créateurs
et créatrices de BD pour toutes les émotions transmises depuis
mon plus jeune âge. Quel plaisir de rejoindre votre famille !

PV NOVA

Merci à mes compères de création de toujours de me donner
autant de joie, de soutien et d'outils pour cultiver la bêtise.
Merci à Rebecca et à ma famille de la tolérer, voire l'encourager.

ADRIEN LE RAY

Merci Clara Doxal, Louis Ledoux, Marsu et Pleeg de nous avoir
aidé à mettre en musique cet album. Merci à Elisa Renouil
pour ses conseils, son aide et son travail précieux qui ont rendu
la réalisation de *Splash* possible !

LA TEAM SPLASH

PREMIÈRE ÉDITION

ÉDITION Élisa Renouil
MAQUETTE Léa Ellinckhuÿsen

DÉPÔT LÉGAL août 2021 — D/2021/0089/371
ISBN 979-1-0347-4915-7

Éditions Dupuis s.a., rue Jules Destrée 52, 6001 Marcinelle, Belgique.
Imprimé par Delabie-Lesaffre, ZI La Martinoire, bd. de l'Eurozone 9,
7700 Mouscron, Belgique.
Achevé d'imprimé en juillet 2021.

C'ÉTAIT PEU DE TEMPS APRÈS LA RENTRÉE DE PREMIÈRE.
RÉFECTOIR
ON ÉTAIT SUR LE POINT DE PRENDRE UNE DÉCISION.
ALORS ?
LA DÉCISION LA PLUS IMPORTANTE DE NOTRE VIE...
PÂTES OU PURÉE ?
IMAGINE JUSTE LES CONSÉQUENCES !
PURÉE.
PÂTES. MOI JE VEUX BIEN ME CONTENTER DE LES IMAGINER, LES CONSÉQUENCES.
PURÉE.
SPLOSH
¡TREMPLIN JEUNES TALENTS : OUVERT À TOUS LES ÉLÈVES !
ON PRÉPARE ÇA DEPUIS TROP LONGTEMPS POUR LAISSER TOMBER MAINTENANT !
TU TE FOUS DE MOI LULU ? JUSQU'À CE MATIN, ON SAVAIT MÊME PAS QUE CE TREMPLIN EXISTAIT !
J'AURAIS DÛ PRENDRE LES PÂTES.

ON A LA POSSIBILITÉ DE MARQUER UNE GÉNÉRATION… DE *CHANGER LE MONDE* !
BZZZZ
MOUAHAHA!!!
MOUAHAHA!!!
LE TAPIS ROUGE POUR LA GLOIRE !
EHEH.
SÉRIEUX… ALICE…
DE TOUTE FAÇON, QU'EST-CE QU'ON RISQUE ?
S'AFFICHER DEVANT LA TERRE ENTIÈRE.
PERDRE DU TEMPS.
FOIRER L'ANNÉE.
BOSSER POUR RIEN.
SE FAIRE DES FAUX ESPOIRS.
PASSER ENCORE PLUS DE TEMPS AVEC ALICE…
FICK DICH CAMILLE !
SE FAIRE INSULTER EN ALLEMAND…
VOUS VOYEZ, ON RISQUE RIEN !
GRRR…
ATTENDEZ, JE VAIS TROP VITE, LÀ. VOUS DEVEZ RIEN COMPRENDRE…

ON VA REPRENDRE DEPUIS LE DÉBUT.
Camille c'était mon associé depuis la mater'. On s'était toujours bien complétés !
Chacun avec ses atouts et ses faiblesses...
SHURIKEN !
KAÏ !
POC !
CAM M'A TOUJOURS ÉPATÉ PAR SA DÉCONTRACTION.
BAM
ON EST MORTS ! ON VA SE FAIRE PULVÉRISER !
LULU-SAN. ON A PROVOQUÉ ÇA EN NINJAS, ON VA RÉGLER ÇA EN NINJAS.
AH BON ? ILS FONT COMMENT LES NINJAS ?
CAMILLE-SAN ?
POUF

SACHANT QU'IL FAUT 700 COUPS DE RAME POUR PARCOURIR 1 KILOMÈTRE...
ON AVAIT TOUT VÉCU, LUI ET MOI.
COMBIEN FAUT-IL DE COUPS DE RAME POUR TRAVERSER L'ATLANTIQUE ?
VOUS AVEZ DIX MINUTES !
JE VAIS PAS Y ARRIVER... MON CORPS M'ABANDONNE.
ACCROCHE-TOI CAMILLE !!!
TAP TAP
JE SUIS DÉSOLÉ POUR TA TÉLÉ.
CAAAAAM !
LE PROF NOUS A DONNÉ UNE MINUTE. LULU ÉTAIT EN GALÈRE, ALORS NI UNE NI DEUX...
ET CE QUI NOUS UNISSAIT PAR-DESSUS TOUT,
C'ÉTAIT PAS LES MYTHOS, LES MATHS OU LES MEUFS.
J'AI TOUT MULTIPLIÉ PAR 4. BINGO !
CAM, TU VIENS RÉPÉTER À LA MAISON ?
BIEN SÛR !

DANS LA VIE RÉELLE JE SUIS UN PEU, DISONS, RÉSERVÉ...
BONJOUR !
BONJRGHH...
MAIS DERRIÈRE MA BATTERIE, J'ME SENS POUSSER DES AILES !
AVEC CAMILLE ON SQUATTE DEPUIS QUELQUES TEMPS LA CAVE DE MES PARENTS POUR RÉPÉTER...
LA MUSIQUE C'EST MON TRUC, MA FAÇON À MOI DE M'EXPRIMER.
CAMILLE, LUI, S'EST DÉCOUVERT UN DON.
•Guitare face lvl5
•Sangle et chaussures accordées
J'AI L'AIR TELLEMENT BADASS AVEC UNE GUITARE !
UN VRAI DON.
MOI J'AI TROUVÉ... UN GROUPE !
BECOOOZE I LOOOVE MY BABY!
BON, C'ÉTAIT COOL ! MAIS ON A QUAND MÊME UN OU DEUX DÉTAILS À RÉGLER.
GENRE QUOI ?
GENRE FAUDRAIT QUE T'APPRENNES À JOUER DE LA GUITARE EN FAIT.
AAAAH ! BAH SI C'EST QUE ÇA, ÇA VA.

RAP and ROLL
22 JULY 18
LES FRANGLAISES
ÇA FAIT DEUX ANS QU'ON JOUE ENSEMBLE, CAM. TU CONNAIS À PEINE DEUX ACCORDS !
C'EST LES ACCORDS DE « BECAUSE I LOVE MY BABY » !
L'AUTRE CHOSE DONT JE VOULAIS TE PARLER, C'EST NOS PAROLES
MES PAROLES.
C'EST DE LA DAUBE.
NOS PAROLES ? DE LA DAUBE ?
C'EST JUSTE PAS NOTRE TRUC... ÇA PARLE TOUJOURS DE **LOVE** ET DE **BABY**.
IL NOUS FAUT DES PAROLES QUI CLAQUENT !
CARPE #DIESE
TIENS, REGARDE, ON PEUT PIOCHER DANS LE JOURNAL DU LYCÉE... Y A CE GARS, SYLLA, QUI PUBLIE DES POÉSIES DÉCHIRANTES.
« ESCÂÂÂLE VESPERÂÂÂLE »
AHAHAH! MDR! JPP!

LE LENDEMAIN.
TU ME LAISSES PARLER.
BIEN SÛR.
604
RÉSERVÉ RÉDAC CARPE #DIÈSE !
TOC TOC
CLIC
SALUT TOI ! ON VEUT PARLER AU RÉDAC CHEF.
QUI LE DEMANDE ?
EUH...
NOUS.
OK, DONC TOI, T'ES LE CERVEAU DE LA BANDE.
ET VOUS LUI VOULEZ QUOI AU RÉDAC CHEF ?
C'EST POUR L'ENQUÊTE SUR LE TRAFIC D'ANTISÈCHES, C'EST ÇA ? ON VEND PAS NOS SOURCES, C'EST MORT.
DIS DONC, GROSSE AMBIANCE À LA RÉDAC !
TRAFIC ANTISÈCHES

ON VEUT JUSTE PUBLIER UNE ANNONCE. ON CHERCHE UN...
DONNE ÇA !
GROUPE RECHERCHE BASSISTE
NIVEAU CONFIRMÉ
À EXCELLENT.
INFLUENCES:
INDÉ-ALTERNATIF-GARAGE-FUSION
ET PLUS SI AFFINITÉS
CONTACTER LULU AU 0787922519
ON VA VOIR CE QU'ON PEUT FAIRE.
MERCI ! TU...
ZBRA*
... T'APPELLES COMMENT ?
QUELQUES JOURS PLUS TARD.
T'AS CHOPÉ LE NOUVEAU CARPE#DIÈSE ? ON EST DEDANS ?
JE SAIS PAS SI LE MESSAGE VA BIEN PASSER.
l'ampleur de ce trafic d'antisèche nous rappelle forcément le Chicago des années 1920, cher à un certain Al Capone. Affaire à suivre.
PETITES ANNONCES
Gr. rech. bass. niv. conf.
- Infl. ind. alt. gar. fus. et plus si aff. -
Cont. Lu. au 07 82 92.
Perdu petit pull marine à la piscine. Isa (Seconde
AH AH ! ELLE S'EST BIEN FOUTUE DE NOUS !
LAISSE TOMBER, ON FERA UN TRIO À DEUX.
T'FAÇON CA M'ÉTONNERAIT QU'IL Y AIT UN BASSISTE AU BAHUT...
DING !
17:33
Notifications :
Numéro inconnu
1 Nouveau message
« YO, C'EST POUR L'ANNONCE. OK POUR AUDITION. OÙ ET QUAND ? »

*ZBRA = BLAM

BRAOUM
DING DONG
FAMILLE FREDERICK
52
BONJOUR. C'EST À QUEL SUJET ?
DONC TOI, TU ES LE RIGOLO DE LA BANDE. J'M'EN DOUTAIS.
TU...
TU JOUES DE LA BASSE ?
ÇA ? AH NON, ÇA C'EST UNE FLÛTE À BEC. UNE GROSSE FLÛTE À BEC.
ET SINON, T'AS L'INTENTION DE ME LAISSER RENTRER ?
LE GANG ÉTAIT AU COMPLET...
BON...
J'CROIS QU'ON EST AU COMPLET.
J'M'APPELLE ALICE.
ÇA S'APPELLE « BECAUSE I LOVE MY BABY ».
C'EST DO-SOL.
LED ZEPPELIN

LE PRENEZ PAS MAL LES GARS, MAIS JE SUIS AGRÉABLEMENT SURPRISE.
JE LE PRENDS UN PEU MAL.
LUCIEN, FRANCHEMENT, T'ASSURES ! C'EST HYPER EN PLACE, ÇA GROOVE DE OUF. TU JOUES BIEN, MEC !
EUH...
MERCI.
APPELLE-MOI **LULU**.
LAISSE TOMBER ALICE, T'AS AUCUNE CHANCE : LULU EST DÉJÀ AMOUREUX DE SA BATTERIE.
MAIS MOI J'AI UN CRÉNEAU CE SOIR SI TU VEUX...
NICKEL ! TU VAS POUVOIR BOSSER TON INSTRUMENT DU COUP !
EH EH !
À SAMEDI ALORS ?
À SAMEDI LUCIEN !

LA PRIORITÉ DES PRIORITÉS, C'ÉTAIT DE TROUVER NOTRE SON.
...CH'UIS PAS D'ACCORD : AVEC UN MEDIATOR J'AI PLUS D'ATTAQUE ET DE PRÉCISION !
OUI MAIS TU PERDS EN SOUPLESSE ET EN TOUCHER.
ÇA CHANGE TOUT !
RAP ROLL
Z'AVEZ PAS VU MON CÂBLE ?
MAIS LA PRIORITÉ DE LA PRIORITÉ DES PRIORITÉS, C'ÉTAIT DE TROUVER NOTRE STYLE...
BON OK, C'EST P'TÊT UN PEU TOO MUCH.
C'EST SURTOUT RINGARD.
MOI J'AI TROUVÉ DES LUNETTES ASSORTIES À MA SANGLE. LA CLASSE NON ?
BON LULU, T'EN PENSES QUOI ?
NON.
CHAIS PAS. MOI, POUR FAIRE ROCK, JE PEUX SORTIR MA CHEMISE DE MON PANTALON.
MEC, T'ES TROP UN REBELLE. JE SAIS PAS SI JE POURRAI SUIVRE.
MOUAHAHAHAA!!
AHAAH A H!
OHOHOHO!
AHAHAHAH!!
BON, ON VA FAIRE DE LA MUSIQUE À UN MOMENT ?

ON A COMMENCÉ À SE VOIR APRÈS LES COURS...
VOUS EN AVEZ PENSÉ QUOI DE MON RIFF DE BASSE ?
PAS TERRIBLE. PAR CONTRE C'ÉTAIT TON MEILLEUR.
POUM POUM TCHAC POUM POUM
DUM DUM DUM DUM
ENTRE LES COURS...
AH OUAIS PAS MAL !
PENDANT LES COURS...
EPS
C'EST BON LE PROF NOUS A PAS VUS ! C'EST PARTI POUR LA AIR-RÉPÉTITION.
COOL ! CAMILLE VA ENFIN AVOIR UN BON SON DE GUITARE !
FRANCHEMENT C'EST COOL. ET DEPUIS QUE CAMILLE CONNAÎT L'ACCORD DE "FA", ON A MULTIPLIÉ NOS POSSIBILITÉS PAR...
HMM...
HMMF..
BREF. JE CROIS QU'ON TIENT QUELQUE CHOSE. J'Y CROIS DE PLUS EN PLUS.
MULTIPLIÉ PAR 3 !
J'AI RETROUVÉ MON CÂBLE !
ET VOILÀ COMMENT ON EN EST ARRIVÉS LÀ !

CE QUI NOUS AMÈNE À LA DÉCISION LA PLUS IMPORTANTE DE NOTRE VIE. JE REPRENDS...
C'EST L'OCCASION OU JAMAIS DE PROUVER CE QU'ON A DANS LE VENTRE.
PURÉE...
JE VOUS ASSURE QU'ON N'EST PAS AUSSI BONS QUE VOUS LE PENSEZ !
TREMPLIN
JEUNES TALENTS :
OUVERT À TOUS
LES ÉLÈVES !
CONTACT : concours@jmail.com
VA Y AVOIR DE LA GROSSE COMPÉTITION. FAUT INVESTIR DANS DU MATOS !
OUAIS, FAUDRA S'Y METTRE SÉRIEUSEMENT, MIEUX DÉFINIR NOTRE UNIVERS !
EST-CE QUE ÇA VEUT DIRE QUE... VOUS ÊTES CHAUDS ? ON LE FAIT CE TREMPLIN ?
HMM...
HMM...
JE PEUX PAS ABANDONNER UN POTE. J'EN SUIS !
SANS MOI VOUS N'AURIEZ AUCUNE CHANCE... ALORS OK, POUR RENDRE SERVICE HEIN !
BIM
YEAAAH!!!
AHAH!
EHEH!

Alice
Cmt ont réagi tes parents?
Ecrire un message
HUMMM... ÇA M'A L'AIR BIEN CHRONOPHAGE TON PROJET, EN CETTE BELLE ANNÉE D'ÉPREUVES DE BAC FRANÇAIS.
SLURP...
STEVENS
IL NE RESTAIT PLUS QU'À AVOIR LE SOUTIEN DE LA FAMILLE. TROP FACILE.
LUCIEN, TU NOUS AS PAS FAIT UNE ANNÉE SCOLAIRE GLORIEUSE POUR L'INSTANT.
Y VA REDOUBLER...
Lulu:
Avec moi a 100%
Et vous ça va ?
Alice:
Mon père est pas encore rentré.
Je fais du rangement. Et toi Cam ?
Cam :
Yo ! Je suis à la maison...
TAP TAP
TAP TAP
SCROUCH SCROUCH
Je bosse ma grat'.
On m'a parlé d'un quatrième accord ! LOL :)
POP CORN
TU ME DIS SI JE TE DÉRANGE HEIN !

EH BEN...
RÉSERVÉ RÉDAC CARPE #DIÈSE !
DÉFENSE D'ENTRER !!!!
CHIEN MÉCHANT
... GROSSE L'AMBIANCE À LA RÉDAC...
MOUAIS...
INSCRIPTION TREMPLIN JEUNES TALENTS
Nom du projet
LE TRIO SELECTIF
« LE TRIO SÉLECTIF » C'EST MORT. JE DÉTESTE LES JEUX DE MOTS. POURQUOI VOUS VOULEZ PAS « PURPLE VELVET » ?
OU ALORS LES « GOOD LOOKING GUYS »
FAUT QUE CE SOIT EN FRANÇAIS.
FAUT QUE ÇA SONNE « INDÉ ».
TRAFIC D'ANTISÈCHES
FAUT SURTOUT QUE ÇA NOUS RESSEMBLE.
DANS CE CAS IL FAUT S'APPELER « ALICE & LES PLOUCS »
HMM...
« DEUX MECS ET UNE RELOU » !
LES MEUFS IN ?
SOLEIL DE NUIT ?
NON.
NON.
LES NARVALOS ?
ROCKY BILLY ?
MAIS OUI BIEN SÛR !
LE CHAPEAU MAGIQUE !
C'EST BIEN POURRI COMME NOM DE GROUPE...
ÇA FAIT LONGTEMPS QUE T'ES LÀ BASTIEN ?

BON, EN GROS : CHACUN ÉCRIT UNE PROPO SUR UN PAPIER, LA MET DANS UN CHAPEAU, DE PRÉFÉRENCE MAGIQUE, ET ON PIOCHE UN PAPIER AU HASARD.
VOUS DEVEZ UTILISER LA MÉTHODE DU CHAPEAU MAGIQUE ! ON RACONTE QUE CETTE TECHNIQUE JAPONAISE ANCESTRALE A PERMIS À L'EMPEREUR TOKUGAWA 1ER DE REMPORTER LA BATAILLE DES CENT-LUNES.
TU TE FOUS DE NOUS ?
C'EST UN TIRAGE AU SORT, QUOI...
LA PROCHAINE FOIS, TU T'ABSTIENS, BASTIEN.
PEU APRÈS...
AUTANT FAIRE UN VOTE, C'EST PLUS DÉMOCRATIQUE.
J'AIME BIEN LE TIRAGE AU SORT MAGIQUE MOI...
C'ÉTAIT PEUT-ÊTRE PAS UNE BONNE IDÉE CE TREMPLIN EN FAIT...
JE VEUX DIRE, ON ARRIVE MÊME PAS À SE METTRE D'ACCORD SUR LA MÉTHODE...
ON N'A QU'À VOTER POUR DÉFINIR LA MÉTHODE.
OU ALORS...
ENCORE UN PEU APRÈS...
LES ORACLES ALLAIENT PARLER...
LE DESTIN ÉTAIT SCELLÉ. ILS AVAIENT CHOISI...
La méthode du CHAPEAU MAGIQUE !!
HEIN ?!
VOUS ÊTES SÛRS QUE VOUS AVEZ COMPRIS LE PRINCIPE ?

BON, VOUS VOULEZ VRAIMENT LE FAIRE CE TREMPLIN ? J'AI JAMAIS VU UN GROUPE AUSSI INDÉCIS !
BAH VOILA ON N'A QU'À S'APPELER « LES INDÉCIS » COMME ÇA ON ARRÊTE DE S'ENGUEULER.
ÉCHES
C'EST EN FRANÇAIS, ÇA FAIT « INDÉ » ET... POUR LE COUP ÇA NOUS RESSEMBLE !
EH MAIS C'EST PAS MAL « LES INDÉCIS » !
LES INDÉCIS...
JE CROIS QU'ON EST BONS. Y A PLUS QU'À VALIDER.
JE VOUDRAIS JUSTE REVOIR UN TRUC...
ATTEND DEUX SECONDES...
OUPS, TROP TARD, J'AI CLIQUÉ SANS FAIRE EXPRÈS !
CLICK !
LE DESTIN ÉTAIT SCELLÉ À NOUVEAU...

AINSI COMMENÇA LA LÉGENDE DES INDÉCIS... TROIS ÂMES UNIES PAR LE DOUTE QUI ALLAIENT PEUT-ÊTRE CHANGER LA FACE DU MONDE. ÉVENTUELLEMENT. MAIS C'EST PAS SÛR.

POUR PASSER LE PREMIER TOUR DU TREMPLIN, IL FALLAIT PONDRE UNE VIDÉO ET LA POSTER SUR YOUTUBE. ON AVAIT DIX JOURS POUR TOUT FAIRE ! TOUT LE MONDE S'EST MIS AU BOULOT...
TING TING
TING TING
OEUFS
J'VAIS FAIRE DES PÂTES FINALEMENT.
J'VAIS L'DIRE.
OEUFS
FARINE
SCRATCH SCRATCH
SCRATCH SCRATCH
SCRATCH SCRATCH
SCRATCH SCRATCH
RRAGGHH !
20€
LES 3 TIRS !!

TOUTE LA RÉDACTION DU JOURNAL CARPE#DIÈSE,
C'EST-À-DIRE BASTIEN ET SONIA, ÉTAIT LÀ POUR NOUS PRÊTER MAIN-FORTE.
HOP.
SPLOSH
SURTOUT NE M'AIDE PAS !
D'ACCORD.
LES INDECIS
BAM
YOUPI
J'AI TAFFÉ TOUTE LA JOURNÉE MON POTE ! J'AI TRAVAILLÉ MA DEXTÉRITÉ, MA PRÉCISION, MON RYTHME ET MA VOIX.
J'VAIS PEUT-ÊTRE DEVOIR M'Y METTRE.
LULU
23

LES INDECIS
ET VOILÀ LES VEDETTES ! ENFIN DES VRAIES PAROLES POUR « BECAUSE I LOVE MY BABY ».
22 JUIL 18
JE CROIS QU'ON A NOTRE PLAN LARGE. RESTE PLUS QU'UNE CAMÉRA À PRÉPARER.
VOUS DITES QUOI ? J'ENTENDS RIEN !
ATTENDS, CE SERAIT PAS TOI CE MYSTÉRIEUX « *SYLLA* » QUI PUBLIE DES POÈMES DANS *CARPE#DIÈSE* ?!
« ESCÂÂÂLE... »
« VESPERÂÂÂLE... »
AHAHAHAHAH !

RIGOLEZ, BANDE DE PRIMATES... MAIS VOS PAROLES À DEUX BALLES NOUS AURAIENT PAS EMMENÉS TRÈS LOIN DANS CE CONCOURS !
PARDON... AH AH AH PARDON...
C'EST... C'EST VRAIMENT BIEN. MERCI ALICE, ÇA DÉCHIRE.
AAAH VOILÀ...
C'EST BON POUR LE SON.
C'EST QUAND VOUS VOULEZ !
ATTENDS, J'ME SUIS PAS ACCORDÉ !
FAUT QUE JE CHAUFFE MA VOIX !
J'AI LE TEMPS D'ALLER FAIRE CACA ?
MEEOW ?
JE DOIS ME CHANGER !
IL EST OÙ MON CÂBLE ??
45 MINUTES PLUS TARD
ÇA TOURNE...
ALLEZ LES GARS !
ET ACTION !

Scanne ce code pour écouter ce morceau !

MAINTENANT QUE LA VIDÉO EST EN LIGNE, IL FAUT ABSOLUMENT BOOSTER NOS VUES POUR ÊTRE SÉLECTIONNÉS.
NOUVEAU CLIP DISPONIBLE ! ABONNEZ-VOUS !
JE ME CHARGE DE LA CAMPAGNE NUMÉRIQUE. VOUS, VOUS ALLEZ **TRACTER**.
AUJOURD'HUI, C'EST ***OPÉRATION SÉDUCTION*** DANS LE BAHUT !
J'EN FAIS MON AFFAIRE.
CPE

À LA RÉCRÉ
... PARCE QUE MA MUSIQUE, C'EST AVANT TOUT UN CANAL POUR EXPRIMER DES ÉMOTIONS PROFONDES, DES DÉCHIRURES...
... CES FAILLES QUI ME HANTENT. EST-CE ÊTRE FAIBLE QU'ÊTRE SENSIBLE, AU FOND ? QUI SUIS-JE POUR ME JUGER ?
T'INQUIÈTE PAS DON JUAN, ON VA ALLER LE VOIR TON CLIP. MAIS C'EST UNIQUEMENT POUR FAIRE PLAISIR À SONIA.
MERCI LES FILLES. DE RIEN CAM.
PFFF... ET PUIS EN CE MOMENT JE SUIS DANS CE GROUPE DE ROCK COMPLÈTEMENT BIDON. ÇA CRAINT. VOUS DEVRIEZ ALLER VOIR...
PFFFF...
MES POÈMES
C'EST CLAIR...
C'EST QUOI VOS INFLUENCES, MAN ?
PLUTÔT « CRIMINALS » ? « DARK MOON » ?
BAH... EUH... EN FAIT... NOUS MAN C'EST PLUS GENRE...
BOB ?
VOILÀ. PAR EXEMPLE.
YESSAÏ...
FRAIS, MAN...
EUH... OUI, CEUX-LÀ AUSSI.

DONNE MOI UN I !
DONNE-MOI UN N !
DONNE-MOI UN D !
DONNE-MOI UN E ACCENT AIGU...
DONNE-MOI UN TRACT...
QU'EST-CE QUI SE PASSE ?
HUH?
J'SAIS PAS. ÇA FAIT DIX MINUTES DÉJÀ.
POURQUOI ÇA BLOQUE ?!
JE VAIS ÊTRE EN RETARD EN MATHS !
DÉPÊCHEZ-VOUS !!
RÉFECTOIRE
M'ENFIN...
CE QUI TE FAIT DONC 72 BONNES RAISONS D'ALLER VOIR NOTRE CLIP !
FROMAGE OU DESSERT ?
ÇA Y EST ! J'AI TOUT DISTRIBUÉ, À MON AVIS ON A GAGNÉ QUELQUES SOUTIENS !
BON BAH LA COM, C'EST PAS MON TRUC.
MOI, J'AI UN RENCART À 17H AVEC LISA. JE CROIS QU'ON A BIEN ASSURÉ.
HIP HOP

Affichage réservé aux associations d'élèves
SALLE MULTIMEDIA
RÉSERVÉ (BARREZ-VOUS)
LES RÉSULTATS DU PREMIER TOUR SONT DANS UNE SEMAINE.
SEULEMENT CINQ ARTISTES SERONT SÉLECTIONNÉS POUR LA PERFORMANCE LIVE. IL Y A UNE TRENTAINE DE CANDIDATURES.
JE ME SUIS DIT QUE CE SERAIT UTILE POUR VOUS DE CONNAÎTRE UN PEU LA CONCURRENCE...
DES QUESTIONS ?
BON... CAMILLE, JE SUPPOSE QUE TA QUESTION EST SUPER INTÉRESSANTE.
EST-CE QU'IL SE PASSE UN TRUC ENTRE BASTIEN ET TOI ?
VOILÀ. EXCELLENTE QUESTION, PILE DANS LE THÈME DE LA RÉUNION. ALLEZ ON ENCHAÎNE.
ELLE A PAS DIT NON, MON POTE !
CHECK ÇA

BEAUCOUP DE CANDIDATS NE PRÉSENTENT PAS UN GRAND DANGER, COMME CE GARS DU LYCÉE VERTIGNASSE QUI A UN NUMÉRO DE MIME PARLANT.
LA CONCURRENCE
Thomas Crépon
OH UNE VITRE !
OH C'EST LOURD !
NIVEAU DE DANGER
MOI JE DIS FAUT SE MÉFIER, C'EST PEUT-ÊTRE UN GÉNIE...
OUI, UN MIME QUI PARLE. ET IL UTILISE AUSSI DE VRAIS OBJETS.
PIERRE LEROY
PLUS DANGEREUX, CE MEC DU LYCÉE MICHEL VAILLANT. IL A UN SLAM DE 45 MINUTES SUR LES 1 000 PREMIÈRES DÉCIMALES DE PI. LES GEEKS SONT À FOND DERRIÈRE LUI.
LUI C'EST LÉO, SCULPTEUR SUR GLACE DU LYCÉE JOURDAN. IL FABRIQUE DES PERSONNAGES À PARTIR DE BÂTONNETS DE GLACE. SA SPÉCIALITÉ : FAIRE UN ESQUIMAU... À PARTIR D'UN ESQUIMAU.
LÉO MARCHAND
DE GAULLE
BEYONCÉ
ELLE C'EST DANIELA, DU LYCÉE LEBRAC. ELLE FAIT DES PORTRAITS DE CÉLÉBRITÉS AVEC UN BANDEAU SUR LES YEUX.
DANIELA VELLET
NABIL, ÉLÈVE LUI AUSSI AU LYCÉE JOURDAN, PRÉSENTE UN SPECTACLE DE VENTRILOQUIE ACCESSIBLE AUX MALENTENDANTS : SA MARIONNETTE JEAN-CLAUDE COMMUNIQUE UNIQUEMENT EN LANGUE DES SIGNES. C'EST POINTU MAIS ÇA PEUT PLAIRE AU JURY.
NABIL BENSAÏD

La concurren
MAIS LE VÉRITABLE DANGER VIENT D'ICI. DE NOTRE LYCÉE.
SA VIDÉO EST DEVENUE VIRALE EN 24 HEURES... SES FOLLOWERS LUI VOUENT UN VÉRITABLE CULTE... JE VOUS PRÉSENTE...
KIM (Kimberley Crochart)
POUM POUM LOUKOUM
KIM
NIVEAU DE DANGER
KIM, LA REINE AUTOPROCLAMÉE DE LA K-POP !
ARRÊTEZ-MOI SI JE ME TROMPE, MAIS LA K-POP ÇA VIENT DE CORÉE DU SUD, PAS DU BAHUT...
D'APRÈS MES RECHERCHES ELLE REVENDIQUE UN NOUVEAU STYLE MUSICAL EN FRANÇAIS AVEC DES INSPIRATIONS ***KAWAII*** PUISÉES DANS LES CULTURES ***CORÉENNES*** ET ***JAPONAISES***. LE K DE « ***K-POP*** » REPRÉSENTE AUSSI BIEN SES INFLUENCES QUE SON NOM DE SCÈNE : ***KIM***.
DONC NOTRE PLUS GRANDE MENACE, C'EST CELLE AVEC LES CHATONS ROSES ?
SI SEULEMENT...
MÉLODIES OBSÉDANTES, VOIX HYPNOTISANTE... PERSONNE N'Y RÉSISTE.
ELLE PRÉPARE DÉJÀ LA FINALE.
32

Cher journal, j'ai passé trop une sale journée franchement c'était juste genre a-bu-sé quoi !

Déjà ce matin c'était n'importe quoi, mon bubble tea au lait d'avoine était tiède et y avait même pas d'avocat dans mon smoothie.

Ensuite j'ai vu la story de Jen sur Insta. Elle utilise mon filtre préféré, la peste. **Mon** filtre ! De toute façon elle a trop pas de followers.

On a eu les notes du contrôle de français. La prof peut pas me saquer (elle est jalouse) du coup elle m'invente des points en moins. C'est quoi son délire ?
PS : Jen elle a eu 08,5. Bien fait pour elle.

L'aprèm on a organisé un meet-up avec mes followers, on leur a filé des goodies et des t-shirts pour la promo. C'est Jen qui avait tout préparé en surprise pour se faire pardonner. Faut que je décide si je lui fais toujours la gueule.

Ah oui et sinon on a un bon buzz autour du clip, normal. J'ai plein de nouveaux abonnés. Les marques vont bientôt m'écrire pour des placements de produits, j'pourrai enfin lancer ma carrière d'influenceuse.

Ce tremplin à la noix c'est une simple formalité, avec papa président du jury je suis obligée de gagner.

ON VA PAS SE LAISSER PIÉTINER PAR CETTE GRELUCHE !
SUP'HAIR LA TIFF
QU'EST-CE QU'ON PEUT FAIRE ? ELLE A TRENTE FOIS PLUS DE VUES QUE NOUS.
J' VOIS DEUX SOLUTIONS : SOIT ON TRAVAILLE COMME DES PSYCHOPATHES, ON VA EN FINALE ET ON FAIT UN SHOW D'ENFER...
SOIT JE LUI BRISE LES DEUX TIBIAS.
VOUS VOULEZ PASSER À LA MAISON ?
NON, JE DOIS RENTRER, J'AI UN TRUC AVEC MES PARENTS.
MOI AUSSI JE DOIS BOUGER. JE BOUFFE AVEC MON PÈRE.
EUH... À PLUS !
"POUM POUM LOUKOUM !"
"JE LUI BRISE LES DEUX TIBIAS..."
POUM POUM
Le nouveau Parfum
JE SUIS DANS TA TÊTE !
JCDéco
NON ! C'EST IMPOSSIIIIIBLE !
PAN PAN
WAF !

Scanne ce code pour écouter ce morceau !

COMMENT ÇA SE PASSE AU JOURNAL DU LYCÉE ?
ÇA VA...
ET TON CLUB D'ÉCHECS ?
ÇA VA...
TU CONTINUES TES POÈMES ?
MMM...
ET TES COURS DE TANGO ?
CHA VHA...
ET TON GROUPE DE MUSIQUE..?
T'AS PAS IDÉE DANS QUOI ON S'EST EMBARQUÉS ! ON BOSSE COMME DES DINGUES, ET Y A L'AUTRE MEUF QUI DÉBARQUE AVEC SA CHANSON DÉBILE !
LES RÉSULTATS DU PREMIER TOUR SONT DANS DEUX JOURS ! DEUX JOURS !
JE TRAVAILLE SUR UNE NOUVELLE DESCENTE DE BASSE QUI FAIT « DUM DUM DUM DUM ».
...PARCE QUE LE PLUS IMPORTANT C'EST DE TROUVER NOTRE SON, ENFIN TU VOIS, QUOI !
JE VOIS SURTOUT CE QUI T'ANIME EN CE MOMENT.
PAPA, TU CROIS QUE MAMAN POURRA VENIR SI ON FAIT LE CONCERT ?
J'EN SAIS RIEN, MA PUCE. J'AI PAS TROP DE NOUVELLES EN CE MOMENT.
D'ACC...
DING
Lulu 1 nouveau message
Kim a encore pris 5 000 vues depuis cet aprèm. T'étais sérieuse avec cette histoire de tibias ? Si tu recrutes, j'ai fait 6 mois de judo...

306
EN RETARD POUR LA RÉPÈTE !
EN RETAAARD!
LULU ! QU'EST CE QU'IL SE PASSE ?
REFECTOIRE
LULU ??!
C'EST PAS DRÔLE !
ALICE !
KIM ?
ON N'ATTENDAIT PLUS QUE VOUS !

PAPA ?
LOUKOUM ?
PRENEZ UN LOUKOUM.
PLUTÔT MOURIR...
CHOPEZ-LAAA!!
AHAHAHHA!!
AHAHAH!!
AHAHAH!!
AHAHAH!!
AHAHA!
LOUKOUM

GRAT' GRAT' ?
JE SUIS DANS TA TÊTE. POUM POUM !
DING!
DING !
DING !
03:12
Lulu 3 nouveaux messages
Purée.
C'est chaud...
Elle est dans ma tête.
MOI AUSSI...

L'ORACLE AVAIT PARLÉ. ON ALLAIT CONNAÎTRE LA VOLONTÉ DES DIEUX.
NOS HÉROS AVAIENT REÇU UNE MISSIVE !
J'AI REÇU UN MAIL.
« MADAME, MONSIEUR »
ÇA COMMENCE MAL...
« APRÈS LE DÉCOMPTE FINAL DES VUES, LE JURY VOUS ANNONCE QUE... »
« LE GROUPE "LES INDÉCIS" A ÉTÉ SÉLECTIONNÉ POUR LA FINALE DU TREMPLIN JEUNES TALENTS. »
OUAIS !!
YOUPI !
YES !!
« UNE PERFORMANCE LIVE, DIFFÉRENTE DE LA VIDÉO, EST ATTENDUE. »
J'Y CROIS PAS, ON A GAGNÉ !
CONTIENS TA JOIE, C'EST PAS ENCORE FAIT...
AINSI SE RENFORÇAIT LA LÉGENDE DES INDÉCIS, UNIS PAR L'INCERTITUDE, L'HÉSITATION, ET D'AUTRES ÉMOTIONS PLUS SUBTILES COMME « LA JOIE CONTENUE ».

QUELQUES JOURS PLUS TARD.
IL FAIT QUOI CAMILLE ?! C'EST RELOU. IL EST TOUT LE TEMPS EN RETARD EN CE MOMENT !
CHAIS PAS MOI, C'EST TON POTE...
ARRÊTE DE RUMINER ! C'EST EXACTEMENT CE QUE VEUT KIM.
ET SI LES GENS ME DÉTESTENT ? S'ILS TROUVENT QUE MES TEXTES, C'EST DE LA DAUBE ?
C'EST IM-POS-SIBLE ! T'ES UNE ROCK-STAR ! ILS VONT T'ADORER.
MON DIEU, ET CES TEXTES...
SI VOUS VOULEZ MON AVIS JEAN-GUILLAUME, C'EST DE LA DAUBE.
DÉSOLÉE, FAUT QU'JE... FAUT QU'JE BOUGE !
ALICE, ATT...
VOUS ALLEZ PERDRE.

DRIIINNGG !
BLAM!!
HEY!
KIKOU, LUCIEN !
EUH...
BONJOUR, KIMBERLEY.
VOILÀ.

Affichage réservé aux associations d'élèves
POUM POUM
WOW ! ON EST TOUS RÉUNIS ! C'EST TROP KAWAII
VOTRE CHANSON EST VRAIMENT CHOUETTE ! BONNE CHANCE POUR LA FINALE, LES AMIS !
C'EST UN PIÈGE, C'EST UN PIÈGE !
EUH, MERCI... TOI AUSSI...
AH ! UNE DERNIÈRE CHOSE LES CHOUPINOUS...
ÉCOUTEZ-MOI BIEN LES RIGOLOS. ON JOUE PAS DANS LA MÊME CATÉGORIE. VOUS N'AVEZ AUCUNE CHANCE.
C'EST LA COUR DES GRANDS. UNE SALLE REMPLIE... LE PUBLIC QUI TE JUGE...
C'EST PAS FAIT POUR LES GRANDS TIMIDES, HEIN LULU ?
ALLEZ A+ LES COPAINS ! XOXO
AH AH
PATHÉTIQUE. ELLE CROIT VRAIMENT QU'ON A LE TRAC ?! ON VA TELLEMENT GÉRER.
UNE SALLE REMPLIE... LE PUBLIC QUI TE JUGE...

CAM, C'EST DANS 15 JOURS ! TU PEUX PAS DISPARAÎTRE COMME ÇA !
ALICE EST EN TRAIN DE PERDRE CONFIANCE... ELLE A BESOIN DE NOUS. J'AI BESOIN DE TOI, MON POTE !
P
7J/7
24h/24
J'DOIS TE LAISSER, J'AI UN RENDEZ-VOUS CHELOU ET ÇA CAPTE MAL... JE COMPTE SUR... ALLÔ ? ALLÔ ?
PSSTT...
PSSSTT..
PSSSTT..
HUH?
PSSTT...
MONSIEUR LULU ?
BASTIEN ? C'ÉTAIT TOI LE MESSAGE ANONYME ?!
TU N'AS PAS ÉTÉ SUIVI ?
QUOI ? MAIS PAR QUI ?
J'AI DES DOCUMENTS COMPROMETTANTS.

PRÉCÉDEMMENT, DANS SPLASH
J'AI DES DOCUMENTS COMPROMETTANTS.
CONFIDENTIEL
Dossier Chaud-Tendu

RAARGH!
R.I.P.
CI-GÎT
NOTRE
AMITIÉ

STUDIO
YAAAAAH!
Légumes
1€
2€
YAAAAAAH!
CRACK!
CAM
Nouveau message
Il faut qu'on parle.
Maintenant.
DING!
Alice :
Faut qu'on parle.
Mnt.
TOC TOC
LUCIEN, IL FAUT QU'ON PARLE. MAINTENANT.
BULLETIN

ON A REÇU ÇA ! TES NOTES SONT EN CHUTE LIBRE. NON MAIS TU TE FOUS DU MONDE ?!
JE...
ET NOUS, ON TE FAISAIT CONFIANCE !
MAMAN, C'EST...
TES PROJETS AVEC CAMILLE, C'EST DEVENU N'IMPORTE QUOI !
TU PARS SUR-LE-CHAMP À LA CAMPAGNE !
CHEZ MAMIE ? QUOI ?? MAIS...
TU AS LA SEMAINE DE VACANCES POUR REMETTRE TA SCOLARITÉ SUR LES RAILS.
YOUHOU !
ÉVIDEMMENT, TU CONNAIS LE TARIF.
NON. PAS ÇA... STEUPLAIT STEUPLAIT STEUPLAIT!
MONSIEUR LUCIEN FREDERICK, DONNEZ-MOI VOTRE TÉLÉPHONE PORTABLE.
SP-245-H
CLICK
VROUUUM
VROUM

Cher journal, enfin les vacances ! Je vais pouvoir me détendre un peu...
Ce matin, live sur Insta, méditation, soin repulpant du visage et révision du programme d'histoire.
HISTOIRE
... À LA CONFÉRENCE DE YALTA, DU 4 AU 11 FÉVRIER 1945.
Cet aprèm : Réu du pool d'auteurs pour mon prochain morceau.
ON EST PARTIS SUR « KIMME YOUR LOVE »
SIMPLE, CATCHY, FLEX.
Puis brainstorming avec ma conseillère en image. On a pris une décision difficile mais importante.
8 kg
POUR TA PROCHAINE STORY ON VA SE FOCUS SUR CE NOUVEAU FILTRE ÇA CARTONNE À LOS ANGELES.
Et enfin : point promo avec Jen pour la prépa de la finale.
JEN
POUM POUM LOUKOUM!
... COMME PRÉVU, LEUR COPAIN DU JOURNAL ÉTAIT DANS LE PARC, IL A PRIS DES PHOTOS.
BIEN. PLUS QU'À ATTENDRE...
POUMPOUM
Que c'est bon de prendre un peu de temps pour soi ! C'est si fatigant la vie d'influenceuse...
LES INDÉCIS (Musique)
Affaire Classée
THOMAS CREPON (Mime Parlant)
Affaire Classée

AAAH ! MADEMOISELLE PERNETTI, ÇA FAIT 10 MINUTES QUE JE VOUS CHERCHE.
C'EST À VOUS !
CUISINE
TOILETTES
OPEN MIC
ESCALE VESPERALE.

EN CHEMIN VERS LA NUIT JE FERAI UNE ESCALE. JUSTE AVANT...
PLUS FORT !
EUH...
C'EST DOMMAGE ON N'ENTEND RIEN.
JUSTE AVANT LA CARESSE D'UNE JEUNE LUNE PÂLE SUR LE JOUR AFFAIBLI
QUANT AUX ASTRES JALOUX JE TIENDRAI MA PROMESSE FAITE AU CHIEN ET AU LOUP. UNE DANSE ÉTERNELLE DANS UN BAL VESPÉRAL.
EH EH ! SUPER !
UN PEU PLUS TARD.
BRAVO ALICE.
CAMILLE ?! QU'EST-CE TU FOUS LÀ ?
BAH... JE TRAVAILLE ICI DEPUIS QUELQUES SEMAINES POUR ME PAYER DES COURS DE GUITARE. J'VOULAIS VOUS FAIRE LA SURPRISE.
AH AH ! T'EN AS D'AUTRES DES SECRETS COMME ÇA ?
JUSTEMENT...
J'AI UN TRUC À TE DIRE, ALICE.
J'AI MERDÉ.

* « ÇA FAIT UNE HEURE QU'IL EST COMME ÇA ! »
** « ILS SONT FOUS, CES HUMAINS... »

DIS DONC, C'ÉTAIT L'ENFER POUR TE RETROUVER !
ON A FINI PAR COMPRENDRE QUE T'AVAIS ÉTÉ PUNI. DÉSOLÉ, VIEUX.
QU'EST-CE QU'ELLE DIT ? ON COMPREND RIEN.
MAMIE...
HEUREUSEMENT CAMILLE SE SOUVENAIT DU NOM DU VILLAGE DE TA GRAND-MÈRE...
FINALEMENT SONIA A TROUVÉ LE NUMÉRO SUR INTERNET. ET ME VOILÀ. TADAAA !
ELLE PARLE DE MOI ?
ENFIN BON, ON PAPOTE, ON PAPOTE. MAIS Y A QUELQU'UN ICI QUI VEUT TE DIRE UN TRUC.
QUOI ?
ALICE ?
NON, C'EST CAM.
ZTZZ
CAMILLE LANGEVIN, TU SAIS? ÇA FAIT 9 ANS QU'ON EST DANS LA MÊME CLASSE.
TU M'AS OFFERT UN DIPLÔME DE MEILLEUR COPAIN UNE FOIS.
TIC TIC TIC

MOI AUSSI ÇA ME FAIT PLAISIR DE T'ENTENDRE.
J'SUIS EN PLEIN MILIEU D'UN TRUC, FAIS VITE.
J'AI MERDÉ, MON POTE. J'AI MIS NOTRE PROJET EN DANGER. JE ME SUIS FAIT AVOIR...
PAR MA PROPRE TECHNIQUE !
C'ÉTAIT À LA SORTIE DU BAHUT, KIM EST VENUE ME PARLER, ELLE ÉTAIT SEULE ET MOI AUSSI.
ELLE ÉTAIT PAS COMME D'HABITUDE. SYMPA, AVENANTE. ET MÊME DRÔLE.
ON A DISCUTÉ UN PEU ET JE L'AI RACCOMPAGNÉE CHEZ ELLE. IL SE FAISAIT TARD.
ON S'EST FAIT LA BISE. SA PEAU ÉTAIT TELLEMENT DOUCE ET ELLE AVAIT UN PARFUM IRRÉSISTIBLE...
MEC, L'ODEUR DE SES CHEVEUX... J'AVAIS JAMAIS RESSENTI UN TRUC PAREIL. J'ÉTAIS ENSORCELÉ !
ELLE ÉTAIT DANS MA TÊTE.
ON S'EST REVU LE LENDEMAIN AU PARC. ELLE M'A EMBRASSÉ CASH EN ARRIVANT ET 5 MINUTES APRÈS, ELLE EST PARTIE SANS RIEN DIRE.
D'UN COUP ELLE ÉTAIT REDEVENUE LA PESTE QU'ON CONNAÎT. SUR LE MOMENT, J'AI RIEN COMPRIS.

* « J'VAIS ME COUCHER, IL EST NUL CET HUMAIN. »
** « BONNE NUIT, À DEMAIN MICHEL. »

SALUT SALUT...
Bonne rentrée à tous !
LYCÉE PACÔME DE CHAMPIGNAC
ÇA VA MEC ? T'AS RÉFLÉCHI ?
Y A RIEN À RÉFLÉCHIR, À PART SE DEMANDER QUI SONT SES VRAIS AMIS.
TOUT ESPOIR DE RÉDEMPTION SEMBLAIT VAIN CHEZ NOS SUPERS... CAPITAINE CRASH, DE RETOUR D'EXIL DE LA PLANÈTE PICARDIA, POSAIT LES BASES D'UNE GUERRE FRATRICIDE : LA GUERRE FRATRICIDE.
BASTIEN, C'EST PAS LE MOMENT.
UN PEU PLUS TARD.
OK, J'AI DÉCONNÉ ! ÇA ARRIVE ! ON PASSE À AUTRE CHOSE ?
J'EN AI MARRE DE TOUJOURS PASSER APRÈS TOI, DE NETTOYER TES CONNERIES !
LES GARS...
T'ES ALLÉ TROP LOIN, TU NOUS AS TRAHIS ! TU NOUS AS TRAHIS POUR TON EGO DÉBILE !!
EGO DÉBILE. LE MOT ÉTAIT LÂCHÉ. L'HUMANITÉ S'ENFONÇAIT UN PEU PLUS DANS UNE NOUVELLE ÈRE : LA NOUVELLE ÈRE.
PFF... T'ES BÊTE !

ENCORE PLUS TARD.
QUI PARLE D'EGO ?! C'EST TOI QUI ES PRÊT À NOUS LÂCHER POUR LE CONCERT !
J'AI TOUT SACRIFIÉ POUR CE CONCERT, MOI ! T'AS SACRIFIÉ QUOI, TOI ?
CAPITAINE CRASH ET ELECTRIC-MAN NE SEMBLAIENT PAS POUVOIR SE SORTIR DE LA GUERRE SANS FIN.
TIENS DONC ?!
ENCORE UN PEU PLUS TARD.
JE SUIS DÉSOLÉ, MON POTE. J'TE JURE JE FERAI GAFFE.
NAN MAIS FAUT PLUS QUE TU ME FASSES DES TRUCS PAREILS.
LES GARS... J'VOUS RAPPELLE QU'ON EST UN GROUPE DE ROCK ET QU'ON EST EN PUBLIC, LÀ.
QUATRE HEURES PLUS TARD, ILS METTAIENT UN POINT FINAL À LA GUERRE SANS FIN.
MAIS ELLE ALLAIT SÛREMENT LAISSER DES TRACES. DES BLESSURES, DES CICATRICES.
BIEN DIT, SCRIPT-GIRL.
MERCI, NARRATHOR.

MALHEUREUSEMENT, LE LENDEMAIN...
J'AI TOUT ESSAYÉ : ARGUMENTER, NÉGOCIER, SUPPLIER... RIEN À FAIRE. MES PARENTS NE CHANGERONT PAS D'AVIS.
FINI LES RÉPÈTES À LA MAISON JUSQU'AU PROCHAIN BULLETIN. ET VAUDRAIT MIEUX QU'IL SOIT BON !
ON EST MAL...
EH ! J'AI BIEN BOSSÉ À LA CAMPAGNE !
NAN C'EST PAS ÇA... LE CONCERT EST DANS DEUX SEMAINES ET ON N'A TOUJOURS PAS DE NOUVEAU MORCEAU !
LES COPAINS !!!
?!
ON N'A PAS DORMI DE LA NUIT, VENEZ VOIR !!
ON A FAIT AVEC LES MOYENS DU BORD HEIN, SOYEZ INDULGENTS !
TADAAAA !!

GRAT' GRAT' GRAT'
Cher Journal, qu'est-ce que tu m'as manqué ! Je suis un peu overbooked à 10 jours de la finale ! Ça s'annonce hyper-easy, Jupiter et Vénus sont en culmination et
... aujourd'hui c'est la répé de mon nouveau tube « Kimme your love » ! Ça va être trop kawaii. À part qu'ils m'ont collé une équipe de danseurs tous plus vilains les uns que les autres.
GRAT' GRAT' GRAT'
Mais tu me connais, cher journal ! Je vais compenser leur nullité en étant encore plus kikoumineuse!
"COEUR, COEUR, ÉTOILE, POINTS DE SUSPENSION, SMILEY CLIN D'OEIL, SMILEY COEUR DANS LES YEUX, POINT FINAL."
WAAOOO ! VOUS ÊTES TROP BEAUX LES LAPINOUS ! JE VAIS VOUS APPRENDRE À SUBLIMER MA CHANSON. READY ?!
OUAIS !...
NOUS ALLONS COMMENCER PAR POINTE - POINTE - BREAK - FREEZE - COEUR AVEC LES MAINS.
ET UN, DEUX, TROIS, QUATRE !
Il faut beaucoup donner de sa personne pour réussir. Tant de sacrifices ! Je suis épuisée. Mais peut-être est-ce le prix à payer pour créer un monde meilleur ?

C'EST BON, Y A PLUS PERSONNE.
ÇA NOUS LAISSE UNE PETITE HEURE POUR PRÉPARER UN NOUVEAU MORCEAU.
À CE PROPOS...
LES INDÉCIS
J'AI EU QUELQUES IDÉES DE PAROLES INSPIRÉES PAR... LES ÉVÉNEMENTS RÉCENTS...
AH OUI ? TU PARLES DU MOMENT OÙ JE VOUS AI TRAHIS ?
VOILÀ. ET DE QUAND J'AI FAILLI TOUT PLAQUER ! AH AH !
ET QUAND MOI J'AI FAILLI VOUS ABANDONNER À CAUSE DE MON TRAC !
HEIN ?!
AH AH AH !
ENFIN BREF, ÇA PARLE DE NOUS...
J'AI TROUVÉ UN SUPER RIFF À LA GRATTE. BON, FAUT IMAGINER AVEC UN SON DISTO BIEN ROCK !
OK ON TE SUIT.
BON, FAUT IMAGINER AVEC UN VRAI SON DE BATTERIE.
AHAHAH !
AHAH !
UN DEUX TROIS QUATRE !

JOUR J
Ma chérie, je ne pourrai pas venir t'encourager ce soir. Je t'envoie plein de bonnes ondes ♥ Maman
VOTRE PÉDALE DISTO EST PRÊTE MONSIEUR !
ROCK 'N' ROLL !
ROCK 'N' ROLL, OUI.
GRÛÛM!!
EUH... ET DONC ZOÉ M'A PROPOSÉ DE ME FILER UN COUP DE MAIN EN PHYSIQUE-CHIMIE. JE... JE LUI AI DIT QUE JE PASSAIS VERS 17 H.
TU PASSERAS LE BONJOUR À ZOÉ.
52

TREMPLIN JEUNE TALENT
INSPIRE, EXPIIIIIIIIIIIIRE.
ÇA VA ?
NIIIICKEL.
SINON ON POURRAIT ALLER AU CINÉ CE SOIR...
ALLEZ DEBOUT LA VEDETTE. FAUT PAS FAIRE ATTENDRE SON PUBLIC.
AH PARCE QU'EN PLUS Y A DU PUBLIC ?
SONIA A TERMINÉ MA PÉDALE D'EFFET, ON VA TOUT DÉFONCER !
ENTRÉE DES ARTISTES
TROP BIEN !
SALUT LES ROCK-STARS, BIENVENUE CHEZ VOUS.
ON A RÉUSSI À CHOPER LA MEILLEURE LOGE, VOUS AURIEZ VU LA TÊTE DE KIM AH AH ! SUIVEZ-MOI C'EST PAR LÀ.
T'AS RAISON ON VA SE METTRE EN SALLE, C'EST PLUS SYMPA QUE D'ATTENDRE ICI.

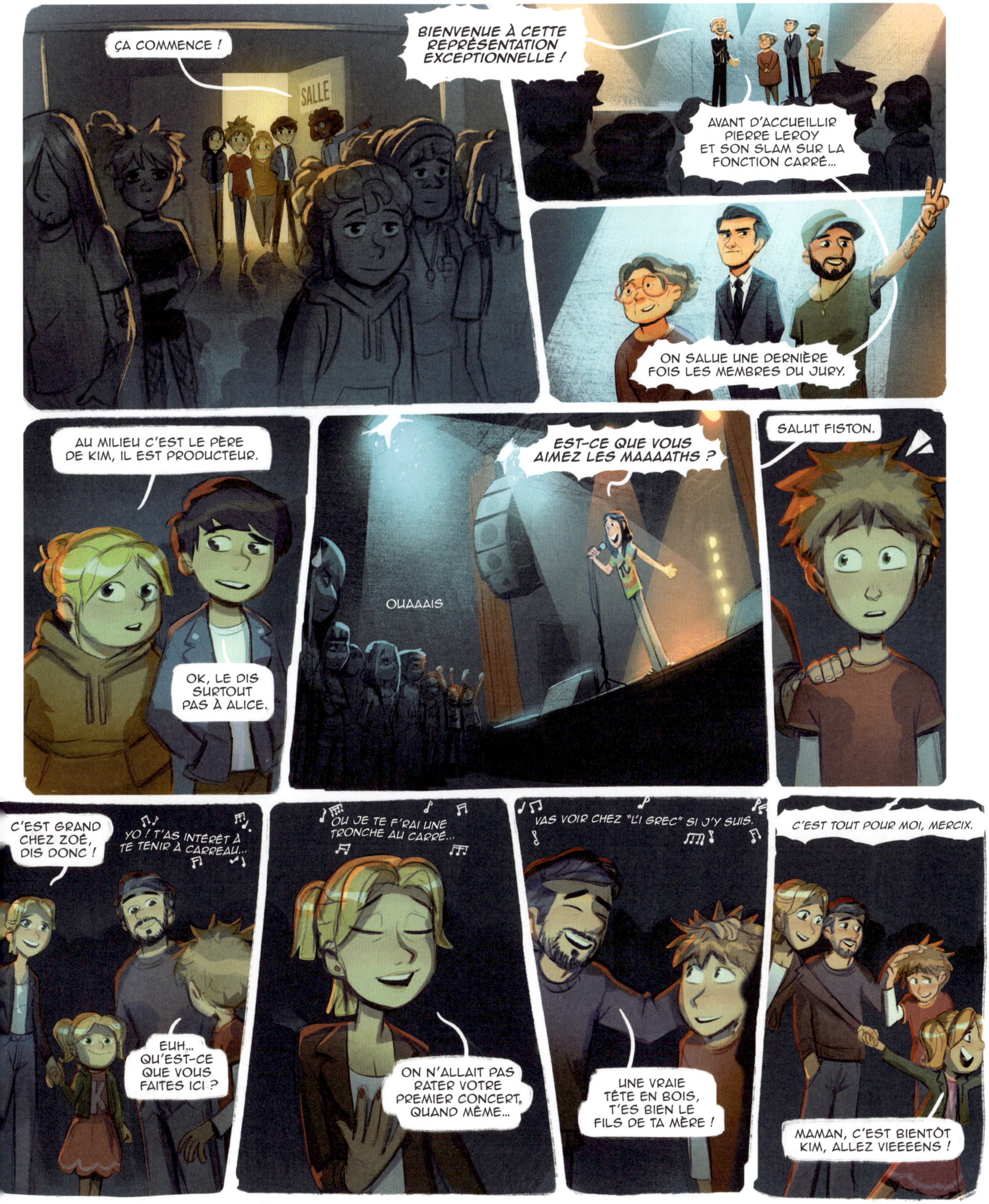
ÇA COMMENCE !
SALLE
BIENVENUE À CETTE REPRÉSENTATION EXCEPTIONNELLE !
AVANT D'ACCUEILLIR PIERRE LEROY ET SON SLAM SUR LA FONCTION CARRÉ...
ON SALUE UNE DERNIÈRE FOIS LES MEMBRES DU JURY.
AU MILIEU C'EST LE PÈRE DE KIM, IL EST PRODUCTEUR.
OK, LE DIS SURTOUT PAS À ALICE.
EST-CE QUE VOUS AIMEZ LES MAAAATHS ?
OUAAAIS
SALUT FISTON.
C'EST GRAND CHEZ ZOÉ, DIS DONC !
YO ! T'AS INTÉRÊT À TE TENIR À CARREAU...
EUH... QU'EST-CE QUE VOUS FAITES ICI ?
OU JE TE F'RAI UNE TRONCHE AU CARRÉ...
ON N'ALLAIT PAS RATER VOTRE PREMIER CONCERT, QUAND MÊME...
VAS VOIR CHEZ "LI GREC" SI J'Y SUIS.
UNE VRAIE TÊTE EN BOIS, T'ES BIEN LE FILS DE TA MÈRE !
C'EST TOUT POUR MOI, MERCIX.
MAMAN, C'EST BIENTÔT KIM, ALLEZ VIEEEENS !

Scanne ce code pour écouter ce morceau !

DO YOU WANT TO MOVE?
JUST KIMME YOUR LOUVE !
JUST KIMME YOUR LOUVE !
JUST KIMME YOUR LOUVE !
KIMME KIMME KIMME KIMME...
BOUM!
BOUP
YEAHH!
YEAHH!!
YEAHH BRAVO!
ÇA VA ÊTRE À NOUS.
CLAP CLAP
CLAP CLAP
CLAPCLAP CLAP
BRAVO!
CLAPCLAP
BRAVO!

ON ACCUEILLE MAINTENANT POUR LEUR TOUT PREMIER CONCERT... LES INDÉCIS !
EUH... BONSOIR...
UN, DEUX, TROIS, QUATRE !
DOUM DOUM
GRIIN
SEULE, À LA DÉRIVE, JE RAME VOGUE, LE VAGUE À L'ÂME
TU SAIS LE COEUR DE LA MISSION
N'EST PAS DANS LA DESTINATION
MAIS L'ÉQUIPAGE

Scanne ce code pour
écouter ce morceau !

OH OH...
?!
? ?! ? ! ?
LA PÉDALE... J'AI DÛ RATER UNE SOUDURE...
J'AI PLUS DE COURANT... PLUS RIEN...
QU'EST-CE QU'ON FAIT ???
J'SUIS DEG' C'ÉTAIT TROP BIEN !
MAIS OUI !
ALLUMEZ TOUS VOS TÉLÉPHONES !
VENEZ !
ON VA FINIR A CAPELLA.
OÙ ÇA ?
SANS LES INSTRUMENTS !
TROIS, QUATRE...
QUAND LA NUIT S'ACHÈVE

ENFIN JE ME RELÈVE
UNE ÉTOILE INDIQUE LE NORD
UNE ESCALE À BON PORT
QUAND LE JOUR SE LÈVE
PLACE À LA RELÈVE
J'IRAI TROUVER MON TRÉSOR
UNE ESCALE À BON PORT

UN PEU PLUS TARD.
C'EST BON !
POC
QUELLE SOIRÉE ! BRAVO À TOUS LES PARTICIPANTS. SANS PLUS TARDER, VOICI LE CHOIX DE NOTRE JURY.
ET LE « TREMPLIN JEUNES TALENTS » EST...
LE GAGNANT DU...
LE... GNN... « TREMPLIN JEUNES GAGNANTS » DU...
... C'EST KIM ! KIM ET SA CHANSON « KIMME YOUR LOVE » !
CLAP CLAP
CLAP CLAP
YEAH!
YEAH!
WOOUHOU!
CLAP CLAP
CLAP CLAP

ALLEZ SALUT JB, À LUNDI !
SALUT CARO !
C'EST ENTIÈREMENT DE MA FAUTE, J'AI TOUT GÂCHÉ...
DIS PAS ÇA SONIA, SANS TOI ON SERAIT JAMAIS ARRIVÉS JUSQUE-LÀ.
AU MOINS ON S'EN SOUVIENDRA, DE CE PREMIER CONCERT !
C'EST CLAIR ! ON A TOUT CASSÉ ! AH AH !
« LES INDÉCIS... UN GROUPE QUI VOUS FERA PÉTER LES PLOMBS ».
ET PUIS TOUT LE MONDE N'A PAS PERDU À CE QUE JE VOIS.
LUCIEN !
ON RAMÈNE TA SOEUR À LA MAISON, NE TRAÎNE PAS TROP. ENCORE BRAVO À TOUS, VOUS ÉTIEZ SU-PER ! ET QUEL SENS DE L'IMPROVISATION !
MERCI M'MAN.
BRAVO LES JEUNES. IMPRESSIONNANT.
CHRISTIAN CROCHART, CROCHE RECORDS.
VOUS AVEZ LE TRUC.
ÇA VOUS DIRAIT D'ENREGISTRER EN STUDIO ?
APPELEZ-MOI, LUNDI.
PURÉE.

QUELQUES SEMAINES APRÈS LE CONCERT.
JOYEUX ANNIVERSAIRE, LULU...
JOYEUX AAANNIIIIIVEEERSAAAIRE !
DE NOTRE PART À TOUS !
BASTIEN ! RACCROCHE ! CADEAU !
ON FAIT COMME ÇA MONSIEUR CROCHART, JE VOUS RAPPELLE.
DÉSOLÉ.
JE VOIS RIEN ! C'EST QUOI ?
UNE SPLASH ! TROP BIEN !
AH... C'EST COMME ÇA QUE ÇA S'APPELLE LES PETITES CYMBALES ?
POUR LA CENTIÈME FOIS CAM, DE LA PETITE À LA PLUS GRANDE : SPLASH, CRASH, RIDE.
BON, ET SI ON ALLAIT L'ESSAYER, CETTE CYMBALE ?
GRAVE !!!

À SUIVRE...

SPLASH EN MUSIQUE !

Comme tu l'as peut-être déjà vu dans les pages de la BD, tu peux utiliser ce QR code pour écouter les vrais morceaux des Indécis et de Kim !

Les paroles qui suivent te permettront de chanter avec eux.

TOUTES PREMIÈRES RECHERCHES DE PERSONNAGES PAR LOSTY, EN 2019 !

ALICE

CAMILLE

CAVE

BECAUSE I LOVE MY BABY

J'AI FAIT UN SIT-IN
DEVANT LE POST-OFFICE
C'EST MA GUILLOTINE
C'EST MON SUPPLICE

J'ATTENDS LE MOT, LE MAIL OU LE
COURRIER RECOMMANDÉ
MES LOVE-LETTERS S'IL FAUT
JE PEUX LES RECOMMENCER
MÊME EN ANGLAIS

BECAUSE I LOVE MY BABY
BECAUSE I LOVE MY BABY

J'AI FAIT LE CHECK-IN
DANS LA GUEST-HOUSE
EN PLEIN DANS MON SPLEEN
PLEIN DANS MON BLUES

J'ATTENDS LE MOMENT OÙ TU VAS
ME PARLER, JE TRANSPIRE
MES LOVE-SONG, ON LES TRADUIRA
DANS LA LANGUE DE SHAKESPEARE

BECAUSE I LOVE MY BABY
BECAUSE I LOVE MY BABY

BECAUSE I LOVE MY BABY
BECAUSE I LOVE MY BABY

ÉCRIT PAR Adrien Le Ray, PV Nova, COMPOSÉ PAR Louis Ledoux, PV Nova

ESCALE

SEULE, À LA DÉRIVE, JE RAME
VOGUE, LE VAGUE À L'ÂME
MÊME SI ÇA NE VAUT PAS LA PEINE
OOOH, SANS CAP ET SANS CAPITAINE

JE REVIENS OU JE REPARS
S'IL EXISTE UN PHARE
SON GARDIEN EST À LA TRAÎNE
OOOH, UNE AUTRE VAGUE M'ENTRAÎNE

À BOUT DE FORCES J'ABANDONNE
QUAND DES VOIX FAMILIÈRES
ENTONNENT
CE VIEIL ADAGE
TU SAIS LE CŒUR DE LA MISSION
N'EST PAS DANS LA DESTINATION
MAIS L'ÉQUIPAGE

QUAND LA NUIT S'ACHÈVE
ENFIN JE ME RELÈVE
UNE ÉTOILE INDIQUE LE NORD
UNE ESCALE À BON PORT

QUAND LE JOUR SE LÈVE
PLACE À LA RELÈVE
J'IRAI TROUVER MON TRÉSOR
UNE ESCALE À BON PORT

PRÊTE À LARGUER LES AMARRES
RETOUR À LA BARRE
LÀ JE ME MARRE ET J'EMMÈNE
OOOH, MES MARINS ET MES SIRÈNES

AU CLAIR D'UNE LUNE SI BELLE
SI NOS DÉCIBELS
NOUS REDONNENT DE L'OXYGÈNE
OOOH, WE'RE BACK TOGETHER AGAIN

DE TOUTES NOS FORCES, ON RÉSONNE
QUAND NOS VOIX DE CONCERT
ENTONNENT
CE VIEIL ADAGE
TU SAIS LE CŒUR DE LA MISSION
N'EST PAS DANS LA DESTINATION

QUAND LA NUIT S'ACHÈVE
ENFIN JE ME RELÈVE
UNE ÉTOILE INDIQUE LE NORD
UNE ESCALE À BON PORT

QUAND LE JOUR SE LÈVE
PLACE LA RELÈVE
J'IRAI TROUVER MON TRÉSOR
UNE ESCALE À BON PORT

QUAND LA NUIT S'ACHÈVE
ENFIN JE ME RELÈVE
UNE ÉTOILE INDIQUE LE NORD
UNE ESCALE À BON PORT

QUAND LE JOUR SE LÈVE
PLACE LA RELÈVE
J'IRAI TROUVER MON TRÉSOR
UNE ESCALE À BON PORT

ÉCRIT PAR Adrien Le Ray, PV Nova, COMPOSÉ PAR Louis Ledoux, PV Nova

BASTIEN

SONIA

LULU

FOYER

Poum Poum Loukoum

L'amour, c'est comme une confiserie
Plus t'en consommes, plus tu souris
Une friandise sur mes lèvres roses
Sans les Bêtises tout semble si morose
Un petit candy sucré avec mon crush secret
Son cœur sucre de cristal

Ta langue de chat
Barbe à papa
Ton chamallow
Ton sucre d'orge
Ton roudoudou
Ta pomme d'amour

Poum Poum Loukoum
Poum Poum Loukoum
Dans ton cœur ça fait "boum"
Poum Poum Loukoum
Zip Zap Tagada
Ça pétille et t'aimes ça

J'ai la recette pour la vie en mauve
Pralines, sucettes, un soupçon de guimauve
Je lui donne un calisson, il devient tout polisson
C'est bonbon pour le moral

Ton sucre d'orge
Ton roudoudou
Ta pomme d'amour

Poum Poum Loukoum, etc.

Ça fait comme un arc-en-ciel, une boule de gomme tombée du ciel
Un corps à corps en clafouti et j'ai le cœur en confettis
Regard de braise dans tes yeux de réglisse
Reprends des fraises et pourvu que ça glisse
Mets toi à l'aise, détends-toi mon gars
De la crème anglaise sur ta peau de nougat
Kim est là pour toi, ça fait poum poum
Qui s'occupe de toi, petit loukoum ?
Ça fait zap, ça fait wiz
Si tu me zappes, plus de friandise
Écoute tes désirs, emplis tes sens
Laisse la gourmandise mener la danse
Toujours plus de candeur, en bonus : la douceur.

ÉCRIT PAR Adrien Le Ray, PV Nova, COMPOSÉ PAR Pleeg, PV Nova

Kimme Your Love

KIM :
Yeah
You know I want it
Just kimme kimme
Just kimme kimme

Pourquoi tout remettre à demain ? Tu l'as
devant toi le chemin
Faut pas que tu te retiennes (non) Prends
ma main je serai tienne

We go all the way
To the other side
Don't need another day
... don't you ever hold it back

Kimme kimme, Kimme your love
Kimme kimme, kimme kimme (yeah) Kimme
kimme, Kimme your love
Kimme kimme, Kimme your love x2

Il suffirait que l'on s'aime
Pour effacer les problèmes
Avec l'amour que l'on sème, et si
Tu veux de moi, moi j'ai besoin de toi

Tu sais la vie que l'on mène
Ne s'ra plus jamais la même
Je voudrais que tu m'emmènes, là où
Tout va de soit, moi j'ai besoin de ça

We go all the way
To the other side
Don't need another day
... don't you ever hold it back

Kimme kimme, Kimme your love
Kimme kimme, kimme kimme (yeah) Kimme
kimme, Kimme your love
Kimme kimme, Kimme your love x2

MAJOR DOM' :
Yeah
You betta give her... (what?)
You betta give what she needs
Coz she's a "once in a life time" starting on
the first line
Always doin' better when she leads

KIM
If you feel like a dove
Just kimme your love
And if you wanna move
Just kimme your... louve ?

Tu sais la vie que l'on mène
Ne s'ra plus jamais la même
Je voudrais que tu m'emmènes, là où
Tout va de soit, moi j'ai besoin de ça

We go all the way
To the other side
Don't need another day

Kimme kimme, Kimme your love
Kimme kimme, kimme kimme (yeah) Kimme
kimme, Kimme your love
Kimme kimme, Kimme your love x2

ÉCRIT PAR Adrien Le Ray, PV Nova COMPOSÉ PAR Pleeg, PV Nova

PRÉSENTATEUR

M. CROCHART